Y. 5492.
D d.

(... [illegible]
Simon)
(Parton)

L'HERMAPHRODITE,

OU

LETTRE

DE GRANDJEAN,

A FRANÇOISE LAMBERT, SA FEMME;

SUIVIE

D'ANNE DE BOULEN,

A HENRY VIII, ROI D'ANGLETERRE,

SON EPOUX.

HEROÏDE NOUVELLE

ET DE DEUX IDILLES.

A GRENOBLE

Et se vend

A PARIS.

Chez {
CAILLEAU, Libraire, rue S. Jacques, à S. André.
La Veuve VALLEYRE, Quai de Gêvres, près le Pont-au-
Change, à la Nouveauté.

M. DCC. LXV.

———————

A
MADEMOISELLE G***.

C'EST l'Amour qui le premier m'a dicté des Vers ; c'est vous qui en avez eu le premier hommage : daignez y joindre celui que je vous offre aujourd'hui, des Piéces que je confie à la Presse ; c'est un tribut que je dois à l'approbation flatteuse que vous avez déja eu la bonté d'y donner. Si je suis parvenu à peindre l'Amour, c'est à vous que j'en ai l'obligation ; je l'ai peint comme vous me le faites sentir.

J'AI l'honneur d'être,

V. T. H. S.
S***.

Aij

L'HERMAPHRODITE,

OU

LETTRE

D'ANNE GRANDJEAN,

A

FRANÇOISE LAMBERT

SA FEMME.

Nec duo funt, fed forma duplex; nec femina dici,
Nec puer ut poffit, ne utrumque & utrumque videtur.

OVID, Metam.

AVERTISSEMENT.

Personne n'ignore ici l'Aventure de Grandjean dont la Cour vient de rompre le mariage dans lequel il vivoit depuis trois ans.

C'eſt ici un exemple des jeux de la Nature, mais frappant & cruel. Le rapport des Chirurgiens prouve qu'il était capable de ſentir & de faire éprouver à une femme ces douces émotions qui accompagnent & qui précédent la jouiſſance; mais ſans pouvoir de ſa part, achever abſolument l'intention de la Nature.

C'eſt après avoir joui pendant long-tems de cette prérogative gracieuſe, quoiqu'incomplette qu'on le fait revenir cruellement d'une erreur qui lui plaiſoit. Trahi, perſécuté, accuſé, condamné par des Juges barbares à une peine deshonorante, abſous par d'autres plus juſtes & plus humains; mais éclairé par eux ſur un myſtère qu'il ignoroit; proſcrit & humilié par la connoiſſance de ſon état, il eſt obligé de renoncer au titre d'époux, & qui plus eſt, à celui d'homme; il n'eſt plus rien ſur terre qu'un poids inutile aux autres & inſupportable à lui-même. C'eſt en réfléchiſſant ſur ſon malheur, qu'il eſt cenſé écrire la Lettre qui ſuit.

L'HERMAPHRODITE,
OU
LETTRE
DE GRANDJEAN

A FRANÇOISE LAMBERT, SA FEMME.

Quel jour affreux me luit? Quelle horrible lumiere,
D'un rayon accablant vient frapper ma paupiere?
Dans quel triste néant mon Etre est-il plongé?
Comme en un seul instant, pour moi tout à changé!
Proscrit, désavoué, rebut de la Nature;
Mon Etre est un opprobre & mon nom une injure.

O toi, funeste objet d'un amour malheureux,
Toi, dont l'attachement avait comblé mes vœux,
Du plus cruel destin Compagne infortunée,
Au malheur de mes jours, par l'Amour enchaînée,

A iv

Ma femme..... j'ose encor t'appeller de ce nom....
Viens calmer les transports qui troublent ma raison.
Tu peux, en partageant l'horreur qui me consume,
Des pleurs que je répands adoucir l'amertume.
Lis ces traits incertains qu'a tracé ma douleur :
Connais le trouble affreux qui déchire mon cœur.

Objet infortuné de la fureur céleste,
Je partage à regret le jour que je déteste.
Tout ce qui m'environne est ligué contre moi :
L'homme, en m'appercevant, recule avec effroi :
La femme me méprise, & malgré mon hommage,
La Nature à mes yeux rougit de son ouvrage.
Chacun de me haïr s'est imposé la Loi,
Ah! dans mon désespoir, je n'ai recours qu'à toi.
Je sens que ton nom seul appaise mes allarmes.
Revole dans mes bras; viens essuyer mes larmes.
Aime moi,..... Souviens-toi que je fus ton époux;
Que j'ai porté long-tems ce nom si saint, si doux.....
J'en jouirais encor sans la lueur fatale
Qu'a porté sur nos feux une indigne Rivale.
Hélas! Quand de ses bras, je volai dans les tiens,
Quand l'Amour nous unit des plus tendres liens,
Aurais-je présumé qu'elle se fut vengée
En publiant l'excès de sa flamme outragée;

Que, d'un fexe timide oubliant la pudeur,
N'écoutant que la voix d'une indifcrette ardeur,
Elle aurait déchiré, par un rapport coupable,
Des fecrets de l'Hymen, le voile refpectable ;
Et que, fur mon état plus inftruite que moi,
Elle m'aurait fait voir indigne de ta foi.

Nous vivions tous les deux, fans nulle défiance,
Dans cette douce paix que donne l'Innocence.
L'Amour & la Vertu dirigeaient notre cœur
Dans les fentiers étroits qui menent au bonheur.
Jamais nous n'avions vû la Difcorde indocile,
Par fon flambeau cruel, allarmer notre afyle.

Auffi-tôt que l'Aurore avait doré les Cieux,
Que fes premiers rayons venaient frapper nos yeux,
A la Divinité dont nous fommes l'image,
Nous portions à génoux un légitime hommage,
Et d'un travail honnête employant le fecours,
Nous béniffions la main qui veillait fur nos jours ;
Et dès que la Nuit fombre, amenant les ténèbres,
Déployait les refforts de fes voiles funèbres,
Un modefte repas, apprêté par ta main,
Servait, moins à flatter, qu'à calmer notre faim :
Mais bientôt le fommeil fermant notre paupiere,
Nous forçait à chercher un repos falutaire

Qui pût nous délâsser des fatigues du jour :
Nous cherchions le repos.... & nous trouvions l'amour,
Unis étroitement, les plus vives caresses
Signalaient chaque jour nos égales tendresses.
O Ciel ! aurais-je crû dans des momens si doux,
Que je n'étais pas fait pour être ton époux ?
Aurais-je pû penser que l'aveugle Nature
Ne m'offrait du bonheur que la vaine imposture....
Je croyais des humains être le plus heureux ;
Hélas ! & mon destin était le plus affreux.

Le Ciel, dont j'implorais la faveur tutélaire,
Ne m'avait point encore accordé d'être pere.
C'était le seul objet qui manquait à mes vœux ;
J'ai crû qu'il différait ce moment précieux.

Mais quel spectacle horrible à mes yeux se présente ?....
Que veulent ces Archers ?... Cette troupe sanglante ?...
Sur qui va donc tomber leur courroux ménaçant ?...
Ils poursuivent le crime, & je suis innocent.....
Quoi ! je suis dans leurs fers !.. C'est moi.. moment terrible !
Pourquoi ? Qu'ai-je donc fait ? O Ciel ! Est-il possible ?....
Eh quoi ! vous me privez de la clarté des Cieux.....
Quel est donc cet asyle ? Un cachot ténèbreux....
Arrêtez & craignez la céleste vengeance,
Barbares : Est-ce ainsi qu'on traite l'Innocence ?

Mais je revois le jour, & c'eſt pour être admis
Dans cet auguſte Temple où préſide Thémis.
Ah! je ſens dans mon cœur renaître l'eſpérance.....
Quelle Troupe nouvelle en ce moment s'avance?...
Ils promenent ſur moi leurs regards curieux....
Quel honteux examen! Rien n'eſt ſacré pour eux.
Cruels! Quoi! Vous oſez, outrageant la Nature,
Sur ſes ſecrets trahis mettre une main impure.....
Quel myſtère odieux, votre œil veut-il percer?....
Qu'entens-je? Quel Arrêt oſent-ils prononcer!....
Je ne ſuis plus qu'un monſtre, un compoſé bizarre,
Des jeux de la Nature exemple affreux & rare,
Un mortel anonime, un Étre infortuné,
Qui ne doit qu'éprouver le malheur d'être né!

Mais ce n'eſt point aſſez, & le Sort qui m'opprime
Aux plus ſanglans affronts veut joindre encor le crime:
J'ai profané, dit-on, les ſermens les plus ſaints,
Et l'on doit m'en punir. Des Juges inhumains,
A l'opprobre, au ſupplice ont condamné ma vie.....
Arrêtez, rendez-moi ma liberté ravie;
Suis-je donc criminel?..... Vous dédaignez ma voix,
Et vous m'aſſaſſinez avec le fer des Loix:
Eh bien, il eſt un Temple auguſte, reſpectable;
L'Innocent y rencontre un appui ſécourable;

Le Coupable y frémit : Sur le trône de Lys,
Sous les traits d'un mortel, on reconnait Thémis.
On n'y voit point la Brigue emporter la balance,
Et fous le poids de l'or, écraſer l'Innocence.
Et, ſuivant de ſes feux les tranſports indiſcrets,
Jamais la Paſſion n'y dicta des Arrêts.
Le Fanatiſme obſcur, l'infâme Calomnie,
Y ſentent s'émouſſer les traits de leur furie.
C'eſt-là que je remets mon déplorable ſort :
J'y trouverai ſans doute, ou ma grace, ou la mort.

Mon eſpoir eſt fondé, j'y trouve la juſtice,
Et j'échappe en tremblant aux horreurs du ſupplice.
Je n'irai point, Public, méchamment curieux,
D'un ſpectacle infamant raſſaſier tes yeux.

Mais quel nouveau revers vient m'accabler encore !..
Il faut me ſéparer de celle que j'adore.
Un Arrêt tout puiſſant m'en impoſe la Loi,
Et l'amour d'un Epoux eſt un affront pour toi.
Nos liens ſont rompus.... ils ſont illégitimes.
Eh quoi ! ſans le ſçavoir on commet donc des crimes ?

Pourras-tu bien ſouſcrire à cet Arrêt cruel ?
Hélas ! rappelle-toi ce ſerment ſolemnel
Qui nous unit tous deux aux pieds du Sanctuaire....
Ce qu'a fait l'Eternel, l'homme oſe le défaire !

Eh bien, fuis moi : Fuyons ces Êtres dangereux,
Puifqu'on eft criminel en vivant avec eux.
Vils efclaves des Loix, qu'a fait leur barbarie,
La Nature elle-même éprouve leur furie.
Laiffons-les s'accabler fous leurs vains préjugés,
Et porter lâchement les fers qu'ils ont forgés.
Fuyons dans ces déferts où la Nature expire :
Ils font inhabités, mais l'air qu'on y refpire
N'eft point empoifonné par le fouffle odieux
De ces Humains cruels qui condamnent nos nœuds.
Le Ciel qui nous forma, qui porta dans notre anre,
Ces élans mutuels du feu qui nous enflamme,
Veillera fur nos jours : nos liens font facrés;
Pourquoi, s'ils l'offenfaient, les aurait-il ferrés ?
Viens; ces antres obfcurs, ces monts inaceffibles,
Ces rochers à nos yeux deviendront moins terribles;
Nos foins & notre amour fçauront les embellir.
Tu verras l'Aquilon chaffé par le zéphir,
Les neiges, en torrens, s'écouler dans les plaines,
La chaleur du midi réchauffer nos haleines,
Et la Nature enfin, fenfible à nos revers,
Créer à nos défirs un nouvel Univers.
Nous en jouirons feuls : Ces mortels fanguinaires
Qui jugent la Nature & percent fes myftères,

Ne viendront plus troubler l'union de nos cœurs:
Dieu seul éclairera nos fidelles ardeurs ;
Sa main dirigera nos ames bien heureuses
Loin du joug accablant de ces Loix orgueilleuses
Que l'homme impose à l'homme, & qui, par le trépas
Étonnent l'Univers & ne le changent pas.
Nos jours s'écouleront au sein de la Tendresse ;
Chaque jour, chaque instant, l'Amour & son ivresse
Porteront dans nos cœurs leurs charmes bienfaisans.
Le Plaisir unira deux Epoux, deux Amans,
Nos baisers..... Qu'as-tu dit?..Ah, malheureux arrête !
Vois le Ciel courroucé qui menace ta tête....
Quels souhaits formes-tu?.... Dans ton état affreux,
Oses-tu te livrer à de coupables vœux ?
Tu prétens que le Ciel devenu plus propice,
Répande sur tes feux sa faveur protectrice....
Rentre dans ton néant: Connois-toi.... Tu frémis:
Un espoir si flatteur peut-il t'être permis !
Avant de voir sur toi la Vérité paroître,
Si tu fus innocent, tu vas cesser de l'être ;
Et ces lâches desirs que tu viens de former
Sont autant de forfaits que tu dois expier.

Quoi ! lorsque dans mes sens que le desir consume,
La flamme la plus forte, à chaque instant s'allume ;

Quand je fens tous les feux du plus ardent amour
Brûler & déchirer mon ame tour-à-tour ;
Quand mon cœur entraîné par la Loi la plus douce,
Suit l'inftinct féducteur qui l'agîte & le pouffe ;
Et que par la Nature au plaifir animé,
Il cherche avec tranfport l'objet qui l'a charmé ;
Ce cœur eft criminel !... O Nature barbare !
Ton inftinct nous unit & ta Loi nous fépare....
Ah ! lorfque tu formas les fragiles refforts
Dont ta main créatrice à compofé mon corps,
Devais-tu, négligeant ta rare prévoyance,
Si loin de mes defirs attacher ma puiffance,
Et me donner un cœur & des fens fuperflus,
Pour me faire chercher un bonheur qui n'eft plus.

Reprends ces dons cruels que ma fait ta colere ;
Ces dons qui m'ont rendu l'opprobre de la Terre.
Termine d'un feul mot mon déplorable fort.
Tu le peux..... Comme un bien je recevrai la mort :
Hélas ! de tes faveurs ce fera la plus grande......
Tu fouhaites la mort ?.... Ta bouche la demande,
Malheureux, l'ofes-tu ? le Ciel eft ton appui.
Quoi ! tu peux l'accufer quand tu dépens de lui ?
Sçais-tu qu'il doit punir ta criminelle audace ?
Obéis en filence, & mérite ta grace.

S'il a frappé ton cœur par des coups trop cruels ;
Adore ses décrets..... c'eſt le ſort des mortels.

J'obéis. Toi qui lis ces triſtes caracteres,
Du trouble de mes ſens affreux dépoſitaires ;
Toi qui fis mon bonheur..... Que je n'oſe nommer ;
Que mon malheureux ſort m'a défendu d'aimer ;
Pour qui... c'en eſt aſſez... fuis :.. Mon ardeur t'outrage;
L'Amour eſt fait pour toi, la honte eſt mon partage.
Va, fuis.... je vais traîner le reſte de mes jours
Loin de l'œil des mortels.... Le Ciel eſt mon recours.
Puiſſent-ils oublier ma déplorable Hiſtoire :
Toi ſeule, ſouviens-toi que j'avois mis ma gloire
A chérir tes Vertus, à t'aimer..... O douleurs !
Adieu !... Sur cet Écrit verſe au moins quelques pleurs.

F I N.

ANNE